Sans limites

Le vélo de montagne extrême

Kelley MacAulay et Bobbie Kalman
Traduction : Marie-Josée Brière

Le vélo de montagne extrême est la traduction de *Extreme Mountain Biking* de Kelley MacAulay et Bobbie Kalman (ISBN 0-7787-1724-0).
© 2006, Crabtree Publishing Company, 612 Welland Ave., St.Catherines, Ontario, Canada L2M 5V6

Catalogage avant publication de Bibliothèque et Archives nationales du Québec et Bibliothèque et Archives Canada

MacAulay, Kelley

    Le vélo de montagne extrême

    (Sans limites)
    Traduction de : Extreme mountain biking.
    Pour les jeunes de 8 à 12 ans.

ISBN 978-2-89579-185-0

1. Vélo tout terrain (Sport) - Ouvrages pour la jeunesse. 2. Sports extrêmes - Ouvrages pour la jeunesse. I. Kalman, Bobbie, 1947- . II. Titre. II. Collection : Sans limites (Montréal, Québec).

GV1056.M3314 2008   j796.63   C2007-942485-6

Recherche de photos : Crystal Foxton

Remerciements particuliers à : Paul Philp, Sue Philp et World Wide Cycle Supply

Illustrations : Bonna Rouse : pages 10 et 11

Photos : John Gibson : page couverture, page titre, pages 4, 12, 13, 14, 15, 16, 17, 20, 21, 22, 23, 24, 25, 26, 27, 29 et 30 ; Vincent Curutchet/DPPI/Icon SMI : page 28 ; Sterling Lorence : page 19 ; Peter Krutzik/PK Photography : page 18 ; © Wende Cragg, Rolling Dinosaur Archives : pages 6 et 7 ; World Wide Cycle Supply : pages 8 et 9

Autres images : Digital Vision

Nous reconnaissons l'aide financière du gouvernement du Canada par l'entremise du Programme d'aide au développement de l'industrie de l'édition (PADIÉ) pour nos activités d'édition.

Conseil des Arts du Canada   **Canada Council for the Arts**

Bayard Canada Livres Inc. remercie le Conseil des Arts du Canada du soutien accordé à son programme d'édition dans le cadre du Programme des subventions globales aux éditeurs.

Cet ouvrage a été publié avec le soutien de la SODEC.

Gouvernement du Québec – Programme de crédit d'impôt pour l'édition de livres – Gestion SODEC.

Dépôt légal – 1e trimestre 2008
Bibliothèque nationale du Québec
Bibliothèque nationale du Canada

Direction : Andrée-Anne Gratton
Traduction : Marie-Josée Brière
Graphisme : Mardigrafe
Révision : Marie Théorêt

© Bayard Canada Livres inc., 2008
4475, rue Frontenac
Montréal (Québec)
Canada H2H 2S2
Téléphone : (514) 844-2111 ou 1 866 844-2111
Télécopieur : (514) 278-3030
Courriel : edition@bayard-inc.com

Imprimé au Canada

www.sanslimites.info

Sur le site Internet :

Fiches d'activités pédagogiques
en lien avec tous les albums des collections Petit monde vivant et Le raton laveur

Catalogue complet

TABLE DES MATIÈRES

LE VÉLO DE MONTAGNE EXTRÊME

Quand on le pratique dans certaines conditions, le vélo de montagne (aussi appelé « vélo tout-terrain ») est un sport extrême. Ses adeptes s'affrontent dans des compétitions très exigeantes, au cours desquelles ils exécutent des manœuvres périlleuses à haute vitesse. C'est un sport qui se pratique sur différents types de terrains, par exemple sur des pentes rocheuses.

LES PROFESSIONNELS

Les professionnels, ou « pros », du vélo de montagne gagnent leur vie en pratiquant ce sport. Ils sont **commandités** par des entreprises qui fabriquent des vélos et de l'équipement. Ils reçoivent aussi de l'argent quand ils participent à des compétitions.

VITE, VITE, VITE !

Il existe plusieurs disciplines – ou styles – de vélo de montagne. Certaines de ces disciplines reposent essentiellement sur la course. Dans les courses de descente, par exemple, les athlètes dévalent des côtes abruptes. Les courses de cross, quant à elles, peuvent durer plusieurs heures et se déroulent sur des **parcours** établis. Ces parcours incluent des sections difficiles, en montée ou en descente. Les courses d'endurance sont encore plus longues : certaines durent plus d'une semaine ! Il y a aussi des courses de montée, dans lesquelles les compétiteurs gravissent des montagnes escarpées. Enfin, dans les courses de slalom parallèle et de *mountain cross*, les coureurs s'affrontent deux par deux sur des parcours qui incluent des sauts et des virages serrés.

UN PEU DE TOUT

D'autres disciplines mettent surtout l'accent sur la technique et l'acrobatie, plutôt que sur la vitesse. Ainsi, les courses de trial mettent à l'épreuve l'équilibre des coureurs sur un parcours semé d'**obstacles**. Dans les compétitions de saut, les participants effectuent des figures dans les airs en prenant leur élan sur des tremplins aménagés en terre battue. Enfin, les compétitions de *freeride* sont encore plus acrobatiques. Les participants doivent être capables de maîtriser leur vélo sur n'importe quel terrain. Ils doivent par exemple descendre en *cliff-drop*, exécuter des sauts et franchir des obstacles naturels comme des billes de bois.

DANGER ! EXTRÊME !

Le vélo de montagne extrême exige énormément de talent et d'équilibre. Les athlètes que nous présentons dans ce livre sont des professionnels, qui se sont entraînés pendant des années pour participer à des courses et exécuter des acrobaties sur leur vélo. N'essaie surtout pas de les imiter !

VERS LES SOMMETS

Avant les années 1970, la plupart des cyclistes faisaient du vélo sur des routes asphaltées. Ils se servaient de vélos de route à plusieurs vitesses, ce qui facilitait les montées et les descentes. Ces vélos n'étaient toutefois pas très pratiques pour rouler hors route. Ils avaient un cadre léger et délicat, ainsi que des pneus étroits et lisses qui ne mordaient pas très bien sur les surfaces inégales. Certaines personnes roulaient sur des vélos BMX, ou « bicross », inventés dans les années 1960. Ces vélos étaient munis d'un cadre solide et de pneus larges, mais ils n'avaient pas de système de vitesses et leurs roues étaient assez petites. Ils étaient donc, eux aussi, difficiles à manœuvrer dans les côtes.

DES VÉLOS SOLIDES

Dans les années 1970, des cyclistes californiens ont commencé à faire du vélo hors route sur de vieilles bicyclettes datant des années 1930 à 1950. Ces vieilles bicyclettes avaient un cadre plus solide et des pneus plus larges que les vélos de route plus modernes. Avec leurs grandes roues, elles permettaient de rouler facilement sur les surfaces inégales. Leurs pneus ballons étaient striés de rainures profondes qui assuraient une bonne traction. Le premier vélo conçu expressément pour rouler hors route a été inventé en 1977.

Certains cyclistes ajoutaient un système de vitesses à leurs vieilles bicyclettes pour pouvoir monter les côtes plus facilement.

ON FAIT UNE COURSE?

En 1976, des cyclistes ont commencé à s'affronter sur leurs vieilles bicyclettes, dans des courses de descente et de cross. En 1983, la National Off-Road Bicycle Association (NORBA) a été fondée aux États-Unis. La NORBA a établi des règles pour les courses et organisé des compétitions officielles.

DE PLUS EN PLUS POPULAIRE

Au début des années 1980, les nouveaux vélos de montagne, faciles à manœuvrer, ont attiré beaucoup de gens vers ce sport. Bientôt, des entreprises de partout en Amérique du Nord ont commencé à en fabriquer. À la fin de la décennie, il se vendait plus de vélos de montagne que de bicyclettes de tous les autres types! Au long des années 1990, les fabricants ont continué d'améliorer les modèles de vélos de montagne. Les nouveaux vélos, montés sur un cadre plus solide et plus léger, étaient dotés d'une suspension (va voir à la page 8) et d'un **système indexé** pour faciliter le changement de vitesses.

(va voir à la page 8)

AU FIL DU TEMPS

1976-1979 : Joe Breeze, qu'on voit ici en 1977 avec son nouveau vélo de montagne, remporte 10 des 24 courses de descente Repack Downhill *dans le comté de Marin – les toutes premières courses de vélo hors route.*

1979 : Gary Fisher et Charlie Kelly fondent la société Mountain Bikes, la première entreprise spécialisée dans la fabrication de vélos de montagne.

1983 : Fondation de la NORBA, qui organise les premières compétitions officielles de vélo de montagne.

1988 : Fondation de l'International Mountain Bicycling Association (IMBA) ; elle a pour mission d'aménager et d'entretenir des sentiers sécuritaires pour les cyclistes.

1990 : L'Union Cycliste Internationale (UCI) organise les premiers championnats du monde de vélo de montagne.

1991 : L'UCI organise les premières compétitions de la Coupe du monde de vélo de montagne.

1996 : Les compétitions de vélo de montagne sont ajoutées aux Olympiques d'été.

LES VÉLOS

La **technologie des vélos de montagne** n'a pas cessé de s'améliorer depuis 30 ans. Les vélos sont munis d'un cadre plus léger et plus solide que jamais auparavant, et la plupart ont des pneus ballons et une suspension. Cette suspension ressemble à un gros ressort de métal. Quand le vélo atterrit durement, le ressort **se contracte** et absorbe une bonne partie du choc dû à l'impact.

LE VÉLO DE DESCENTE

Les adeptes de nombreuses disciplines, dont la descente, le trial, le saut, le slalom parallèle et le freeride, préfèrent les pédales plates, appelées aussi « pédales piège à loup ». Ces pédales leur permettent de mettre le pied à terre rapidement.

suspension
arrière

suspension
avant

UN CADRE SOLIDE

Les diverses disciplines de vélo de montagne se pratiquent sur des vélos différents. La plupart de ces vélos ont un cadre en titane ou en aluminium, deux métaux solides et légers. Le titane, le plus solide des deux, est aussi le plus coûteux. La robustesse nécessaire dépend du genre de courses auxquelles sert le vélo. Pour la descente, par exemple, il faut un cadre plus gros et plus lourd que pour le cross, capable de résister aux parcours difficiles en terrain **accidenté**. Avec leur cadre plus léger, les vélos de cross sont mieux adaptés aux longues distances et aux **sprints**.

LE VÉLO DE CROSS

La plupart des vélos de montagne ont entre 21 et 27 vitesses. C'est ce qui leur permet de gravir des pentes extrêmement abruptes.

Les adeptes du cross, de la montée et des parcours d'endurance choisissent souvent des pédales automatiques, sans cale-pied. Ces pédales sont munies de petits crampons qui s'accrochent aux chaussures du cycliste pour éviter que ses pieds glissent.

LA SUSPENSION

Les vélos de montagne peuvent être à double suspension (ou « tout suspendus »), semi-rigides ou rigides. Les premiers ont une suspension à l'avant et à l'arrière, tandis que les seconds n'en ont une qu'à l'avant. Les vélos rigides, eux, n'ont pas de suspension du tout. Comme la suspension ajoute du poids au vélo, les cyclistes préfèrent se servir de vélos rigides ou semi-rigides quand ils doivent bouger rapidement ou exécuter des manœuvres dans les airs, par exemple dans les compétitions de cross ou de saut.

La technologie a toutefois beaucoup évolué, et les suspensions sont maintenant plus légères que jamais. Aujourd'hui, de nombreux cyclistes de toutes les disciplines choisissent des vélos à double suspension pour avoir un meilleur contrôle.

LES PNEUS

Le type de pneus varie aussi selon les disciplines. Les vélos de cross, par exemple, sont généralement chaussés de pneus légers. Les vélos de descente sont munis d'énormes pneus à grosses rainures, tandis que les vélos de trial ont de gros pneus mous qui agrippent bien les obstacles.

SÉCURITÉ D'ABORD

Les adeptes du vélo de montagne extrême roulent à haute vitesse et exécutent des cascades audacieuses. Ils doivent donc porter un équipement spécial, qui leur protège le corps tout en demeurant confortable et en leur permettant de bouger librement.

En descente, en freeride et en saut, les coureurs risquent de se blesser s'ils font une chute. Ils portent donc un casque intégral, dont la visière leur couvre entièrement le visage.

*Les coureurs portent aussi des lunettes de sécurité sous leur casque, pour se protéger les yeux des branches d'arbre, ou encore de la terre et des autres **débris** qu'ils projettent sur leur passage.*

*Les cyclistes qui se servent de pédales piège à loup portent des chaussures souples, aux semelles très texturées qui collent bien aux **griffes** des pédales.*

Pour les courses de descente, de freeride et de saut, les compétiteurs portent aussi un équipement de plastique rigide pour se protéger le haut du corps, les coudes, les genoux et les tibias.

Dans les compétitions de cross, de montée et d'endurance, un casque ouvert, qui ne couvre pas entièrement le visage, est suffisant.

Les coureurs de cross portent des vêtements moulants en **spandex**. Beaucoup choisissent un short dont l'arrière est rembourré. Ils peuvent ainsi rester de longues heures sur leur vélo sans ressentir d'inconfort.

Les coureurs portent souvent des gants pour se protéger les mains en cas de chute.

Les coureurs qui se servent de pédales automatiques portent des chaussures dont la semelle est munie d'une cale qui s'encastre dans les pédales. Pour dégager leur pied, ils n'ont qu'à l'incliner de côté.

pédale automatique

11

TOUT LE MONDE DESCEND !

Les courses de descente sont particulièrement populaires parmi les adeptes du vélo de montagne. Dans ces compétitions, les athlètes descendent chacun leur tour un parcours escarpé à flanc de montagne, ponctué de bosses, de sauts et de virages relevés appelés « bermes ». Ce parcours, tracé sur une surface meuble, fait généralement un à cinq kilomètres environ.

FOUS DE VITESSE

Les coureurs de descente dévalent des pentes à des vitesses pouvant atteindre près de cent kilomètres à l'heure ! Tout en descendant, ils doivent pédaler pour continuer d'augmenter leur vitesse. Certains vont tellement vite qu'ils peuvent terminer un parcours de plus de trois kilomètres en moins de cinq minutes ! Celui qui enregistre le meilleur temps à la ligne d'arrivée gagne la course.

Toutes les courses de descente sont différentes. Les concepteurs des parcours s'assurent que chaque course comporte un certain nombre d'obstacles et de difficultés.

DIFFICULTÉS TECHNIQUES

Les courses de descente peuvent paraître faciles, mais en réalité, elles exigent énormément de maîtrise. Les coureurs doivent parfois sauter en bas de falaises ou passer par-dessus des billes de bois, des pierres ou des racines, tout en évitant de tomber. Après quelques minutes de descente en ligne droite à une vitesse vertigineuse, il leur faut souvent freiner brusquement pour surmonter des obstacles. Ils doivent aussi être capables de négocier les virages et les difficultés sans perdre le contrôle de leur vélo. En un mot, ils doivent être prêts à tout !

LE CROSS EXTRÊME

Les courses de cross comportent souvent des montées difficiles.

Le cross est une des disciplines de vélo de montagne les plus connues. C'est d'ailleurs la première à avoir été présentée aux Olympiques. Les coureurs de cross accomplissent plusieurs tours sur un parcours de six à dix kilomètres environ, tracé le plus souvent sur terrain difficile et semé d'obstacles comme des racines, des pierres et des ruisseaux à traverser. Les coureurs doivent rester en selle pendant des heures, tout en conservant l'énergie nécessaire pour faire des sprints quand ils approchent de la ligne d'arrivée. Le premier coureur à franchir cette ligne est déclaré vainqueur.

LUTTES DE CLASSES

Les coureurs de cross sont divisés en classes, selon leurs capacités, et disputent des courses de longueurs différentes. Les débutants parcourent entre 30 et 35 kilomètres environ. Ce sont d'excellents athlètes, mais ils sont là seulement pour s'amuser. Les pros forment l'élite. Ils font près de 50 kilomètres à chaque compétition.

DEVANT TOUT LE MONDE

Dans les **courses sur route**, les participants commencent lentement et doivent doser leurs efforts jusqu'à la fin. Dans les courses de cross, cependant, ils adoptent tout de suite un rythme très rapide. Chacun veut se retrouver en tête du peloton, pour éviter d'être retardé par les autres compétiteurs. Au fil de l'épreuve, les coureurs s'éloignent les uns des autres selon leur puissance et leurs capacités.

Les athlètes n'ont pas droit à beaucoup d'aide pendant les courses de cross. S'ils ont une crevaison ou qu'une pièce de leur équipement se brise, ils doivent effectuer eux-mêmes les réparations. Les gens massés le long du parcours leur fournissent toutefois à boire et à manger pour leur permettre de tenir le coup pendant des heures.

LES ÉPREUVES D'ENDURANCE

Les courses d'endurance sont les plus longues compétitions de vélo de montagne. Malgré que tous les participants cherchent bien sûr à gagner, beaucoup se comptent déjà chanceux s'ils atteignent la ligne d'arrivée! Ces courses peuvent durer de 6 à 8 heures, ou encore jusqu'à 24 heures. Certaines peuvent même s'étendre sur une semaine! L'épreuve peut consister à faire une seule fois un parcours très long, ou plusieurs fois un parcours relativement court.

UNE LONGUE JOURNÉE

Les courses d'endurance de 24 heures peuvent souvent se disputer en équipes ou en solo. Les participants qui courent en équipes (de quatre ou cinq personnes) se relaient pour permettre à leurs coéquipiers de se reposer. Ils décident entre eux de la durée de chaque tour. Dans les compétitions en solo, chaque coureur doit faire toute la course seul!

Les courses d'endurance présentent de nombreuses difficultés, par exemple des montées, des obstacles et de longues sections sinueuses en forêt.

L'IDITABIKE

L'*Iditabike*, qui se déroule chaque année en février, est une des courses d'endurance les plus exigeantes. Son parcours s'étire sur 160 kilomètres dans les étendues sauvages de l'Alaska. Les coureurs traversent des forêts sombres, montent et descendent des pentes glissantes, et franchissent même des lacs et des rivières gelés ! Ils ont 50 heures pour terminer la course. Il y a aussi une compétition encore plus longue : l'*Iditabike Extreme*, sur un parcours éprouvant de 515 kilomètres dans les montagnes de l'Alaska. Il faut environ une semaine pour accomplir le parcours complet !

Pour beaucoup de coureurs, les trajets de nuit en terrain difficile sont un des aspects les plus excitants des courses d'endurance. Ils n'ont que les petites lumières de leur casque et de leur vélo pour se guider dans le noir.

TOUJOURS PLUS HAUT

Les coureurs qui participent aux compétitions de montée partent au bas d'une longue pente abrupte qu'ils doivent gravir jusqu'à la ligne d'arrivée. La montée dure souvent des kilomètres ! Dans certains cas, les coureurs prennent le départ un à la fois. Dans d'autres, ils commencent la course tous ensemble ; c'est ce qu'on appelle un « départ de masse ».

JUSQU'À LA LIGNE D'ARRIVÉE

La montée n'est pas la seule difficulté des courses de ce genre. Les participants doivent aussi contourner différents obstacles sans se laisser dépasser par leurs concurrents ! Le coureur qui met le moins de temps à franchir la ligne d'arrivée gagne l'épreuve.

Les coureurs qui participent à des compétitions de montée doivent s'entraîner pendant des années pour acquérir la force et la résistance nécessaires. La résistance, c'est la capacité de poursuivre une activité même si c'est très difficile.

Les compétitions de montée mettent à l'épreuve la forme physique et la détermination des participants.

DES COMPÉTITIONS SERRÉES

Beaucoup de compétitions de vélo de montagne se déroulent sur des parcours couvrant de longues distances. Souvent, les spectateurs ne voient alors que quelques minutes de l'action, quand les athlètes passent devant eux à toute vitesse. Les compétitions de slalom parallèle et de *mountain cross* sont plus excitantes à regarder parce qu'elles prennent place sur des parcours aussi difficiles, mais moins longs. Les spectateurs peuvent donc voir la totalité de chaque course, qui comprend des bosses, des sauts, des *whoops* et des bermes à profusion. L'aspect le plus difficile de ces courses, cependant, c'est l'intensité de la compétition. Les coureurs ne peuvent pas se permettre de se laisser intimider par les concurrents qui les suivent de près, et qui cherchent constamment à les devancer.

Dans beaucoup de courses de slalom parallèle et de **mountain cross,** *le parcours est indiqué par des drapeaux que les coureurs doivent contourner sans tomber.*

Pour gagner des courses de mountain cross, il faut être fonceur et travailler très fort. La grande vedette de cette discipline s'appelle Brian Lopes. Pour en savoir plus long sur lui, va voir à la page 28.

UN CONTRE UN

En slalom parallèle, deux coureurs s'affrontent sur des pistes séparées. Placés côte à côte à la grille de départ, ils s'élancent dès l'ouverture de la grille. Bien que les organisateurs tentent de tracer les deux pistes de la même façon, il arrive qu'une des deux soit plus facile que l'autre. Après chaque tour, les coureurs changent donc de piste et s'affrontent à nouveau. Celui qui obtient le meilleur temps combiné est déclaré vainqueur.

BON PREMIER

En *mountain cross*, les courses se disputent entre quatre à six concurrents. Le premier à quitter la grille de départ prend un énorme avantage sur les autres, même si ce n'est pas néces-sairement lui qui gagnera la course. Un coureur aguerri pourra rapidement établir une stratégie pour trouver la meilleure trajectoire sur le parcours. Comme il y a beaucoup de coureurs qui s'affrontent, les chutes sont nombreuses. Les participants doivent être capables de maîtriser leur vélo pour surmonter les difficultés de la course et éviter les adversaires qui tombent en travers de leur chemin.

LES COURSES À OBSTACLES

Dans les courses de trial, les participants doivent franchir divers obstacles. Il peut s'agir de grosses pierres, de rails métalliques, d'énormes billes de bois, de falaises abruptes ou de toute autre difficulté qu'ont pu imaginer les concepteurs du parcours! Les coureurs doivent compléter le parcours sans tomber ni mettre pied à terre, sous peine de se voir attribuer des points. À la fin de la compétition, le gagnant est celui qui a le moins de points.

*Les vélos utilisés pour les courses de trial sont équipés d'une roue arrière renforcée, parce que les coureurs prennent souvent appui sur cette roue pour franchir des obstacles ou des **fossés**.*

POUR LE PLAISIR

Certains amateurs de trial ne participent pas à des compétitions. Ils préfèrent se rendre en montagne pour s'attaquer à tous les obstacles naturels qu'ils rencontrent. Pour s'amuser, ils franchissent d'énormes fossés, sautent en bas de hautes falaises et grimpent sur les plus gros objets qu'ils peuvent trouver. Ceux qui vivent en ville pratiquent souvent leur sport dans des parcs aménagés exprès pour eux, avec de nombreux obstacles destinés aux adeptes de ce sport extrême.

HAUTE VOLTIGE

Le saut, aussi appelé « *dirt* » (« terre battue » en anglais), est une discipline qui repose sur les acrobaties aériennes. Il se pratique sur un parcours ponctué de tremplins en terre battue aux pentes plutôt abruptes. En gravissant ces pentes, les sauteurs prennent assez de vitesse pour quitter le sol. Ils tentent de s'élever le plus haut possible pour avoir le temps d'exécuter des figures dans les airs. Pour gagner une compétition de saut, il faut impressionner les juges en réussissant des figures spectaculaires.

CANCAN

Pour « danser le cancan », comme on le voit ci-dessus, l'athlète passe une jambe au-dessus du cadre de son vélo, de manière à avoir les deux jambes du même côté.

Les amateurs de saut doivent maîtriser leur peur s'ils veulent exécuter des figures avec une technique et un style parfaits.

LES PIEDS EN L'AIR

Pour la figure baptisée « *no-footer* », le coureur se soulève de son siège et lève les deux jambes de côté de manière à ne plus toucher les pédales.

ROTATIONS

Faire une rotation, c'est faire tourner son vélo dans les airs. Les diverses rotations sont baptisées en fonction du nombre de tours effectués. Un tour complet, par exemple, s'appelle un « 360 » parce que le cycliste tourne sur 360 degrés.

Vrilles

Pour exécuter une vrille comme celle-ci, le cycliste s'envole d'un tremplin et tourne sur lui-même, la tête en bas, dans les airs. Les athlètes s'entraînent à faire des vrilles sur un trampoline, pour s'exercer à reprendre leur position normale avant de retomber au sol.

LE FREERIDE

Le vélo de montagne de style *freeride* convient aux cyclistes aventureux qui veulent aller un peu partout et faire toutes sortes de choses avec leur vélo. Ce style, influencé par les autres disciplines de vélo de montagne, réunit les vitesses extrêmes de la descente, les obstacles du trial et les figures complexes du saut.

SENSATIONS FORTES

Les amateurs de *freeride* cherchent des parcours toujours plus exigeants, sur les terrains les plus difficiles que la nature peut leur offrir. Et si la nature n'est pas assez coopérative, ils créent leurs propres obstacles ! Ils fabriquent des rails et des ponts étroits, empilent d'énormes troncs d'arbres et construisent des bascules pour réaliser en pleine nature des parcours semblables à ceux des parcs urbains.

Les amateurs de freeride *ne reculent devant aucun obstacle. Ils peuvent par exemple tenter d'escalader des falaises, de grimper le long des murs ou de franchir de larges fossés.*

Cet adepte du freeride *roule sur un étroit pont en colimaçon suspendu à une bonne hauteur au-dessus du sol de la forêt.*

COMPÉTITIONS

La plupart des amateurs de *freeride* ne pratiquent leur sport que pour s'amuser, mais certains participent à des compétitions. Pour les spectateurs, ce sont des performances époustouflantes ! Les parcours sont tracés en pleine nature, à des endroits où le terrain se prête par

exemple aux **wall-rides**, aux *cliff-drops* et aux sauts par-dessus des fossés. Pour impressionner les juges, les athlètes exécutent toutes sortes de figures spectaculaires. Ils sont généralement jugés sur le style et la difficulté de leurs acrobaties, aussi bien que sur la maîtrise de leur vélo.

QUELQUES VEDETTES

Les pros du vélo de montagne sont des athlètes exceptionnels, déterminés à faire progresser leur sport. Certaines des vedettes que nous présentons ici sont des figures de légende, des modèles pour les sportifs d'aujourd'hui. D'autres sont de nouveaux venus qui cherchent à repousser les limites du vélo de montagne. Après des années d'entraînement, ces vedettes comptent parmi les meilleurs athlètes au monde.

BRIAN LOPES

L'Américain Brian Lopes est un des plus grands spécialistes du *mountain cross*. Comme beaucoup d'autres champions de vélo de montagne, il a fait ses débuts en vélo BMX. Après 11 ans de compétitions dans cette discipline, il était prêt à relever un nouveau défi. Il a donc essayé le vélo de montagne et a vite commencé à remporter des compétitions, notamment des championnats mondiaux et des coupes du monde. Il a gagné plus de courses de *mountain cross* que tous les autres coureurs du monde.

ANNE-CAROLINE CHAUSSON

La Française Anne-Caroline Chausson, à droite, est une extraordinaire coureuse de descente. Même si elle a fait ses débuts comme championne du monde de BMX, elle n'a eu aucune difficulté à conquérir l'univers du vélo de montagne. Aucune autre femme n'a remporté plus de coupes du monde et de championnats mondiaux en descente et en *mountain cross*. En fait, elle a été couronnée championne du monde 15 fois de suite ! Elle a aussi établi un record de vitesse en descente : 188,3 kilomètres à l'heure, sur un vélo rigide en plus ! C'est une source d'inspiration exceptionnelle pour les filles comme pour les garçons.

Paula Pezzo

La coureuse italienne Paula Pezzo est une des plus grandes spécialistes du cross. Elle a non seulement remporté des victoires en Coupe du monde et dans les championnats mondiaux, mais elle est la seule personne au monde à avoir gagné deux médailles olympiques en vélo de montagne. Elle a en effet remporté l'or en cross-country féminin aux Olympiques de 1996 et de 2000.

Nicolas Vouilloz

Nicolas Vouilloz, aujourd'hui à la retraite, est une figure légendaire de la course de descente. Après avoir passé sa jeunesse en faisant de la moto et du vélo BMX dans les collines de la France, il était prêt à s'attaquer à la descente en vélo de montagne. Il a réussi l'exploit de remporter dix championnats du monde. Ses adversaires le trouvaient tellement extraordinaire qu'ils l'avaient surnommé « l'Extraterrestre »! Aujourd'hui, Vouilloz transmet ses connaissances aux membres de l'équipe de descente dont il est propriétaire.

Darren Berrecloth

Après ses débuts en BMX *freestyle*, le coureur canadien Darren « Bearclaw » Berrecloth, ci-dessus, est passé au vélo de montagne *freeride* et a transformé ce sport pour toujours. Berrecloth a remporté compétition après compétition en devenant la première personne à exécuter des manœuvres de BMX dans des compétitions de *freeride*. Même s'il n'est encore qu'au début de la vingtaine, il prendra sûrement place un jour aux côtés des légendes de son sport.

À TON TOUR !

Le vélo de montagne n'est pas limité aux acrobaties dangereuses et aux compétitions. C'est aussi un sport merveilleux pour les gens de tous les âges. Bien des cyclistes parcourent les pistes de leur région simplement pour rester en forme et pour s'amuser. Si tu as envie d'essayer certaines des manœuvres impressionnantes des professionnels, n'oublie pas qu'ils ont dû s'entraîner durant des années pour être au sommet de leur forme. Beaucoup se sont blessés souvent pendant leur entraînement. Voici donc quelques conseils importants pour rouler en toute sécurité.

EN SÉCURITÉ

Le vélo de montagne est très amusant quand on le pratique avec prudence, mais c'est un sport qui peut être extrêmement dangereux si on ne fait pas attention ou si on ne respecte pas les autres. D'abord, il ne faut jamais rouler à vélo sans casque. On doit aussi porter des protecteurs pour éviter de se blesser en cas de chute.

Tu te demandes où aller faire du vélo cet été ? Pourquoi pas dans une station de ski ? Beaucoup de stations, dans toute l'Amérique du Nord, permettent aux adeptes du vélo de montagne d'emprunter leurs pentes et leurs sentiers pendant les mois d'été. Tu pourras peut-être même prendre un télésiège pour transporter ton vélo au sommet, comme on le voit ci-dessus.

QUELQUES CONSEILS D'EXPERTS

L'International Mountain Bicycling Association se consacre à aménager et à entretenir des endroits où les amateurs de vélo de montagne peuvent rouler en sécurité tout en s'amusant. Pour pouvoir bénéficier de ce privilège, toutefois, les cyclistes doivent savoir se protéger eux-mêmes et protéger leur environnement. Voici quelques conseils des gens de l'IMBA, qui t'aideront à profiter de tes randonnées, à respecter l'environnement et à garder les sentiers en bon état pour la sécurité des cyclistes qui te suivront.

- Ne roule jamais sur des pistes fermées – on ne les a pas fermées sans raison!
- Ne sors jamais des sentiers, et prends bien soin de ne pas effrayer ni blesser les animaux.
- Installe une clochette sur ton vélo pour avertir les autres cyclistes de ta présence.
- Ralentis quand tu arrives à proximité d'autres personnes et dépasse-les prudemment.
- Ne laisse jamais de déchets derrière toi. Si tu vois des déchets, ramasse-les et mets-les à la poubelle.

GLOSSAIRE

accidenté Se dit d'un terrain dangereux, où il y a de nombreuses côtes

cliff-drop Manœuvre qui consiste à sauter d'une falaise avec son vélo pour atterrir sur le sol un peu plus bas

commanditer Verser de l'argent à un athlète pour qu'il porte les vêtements d'une entreprise ou qu'il utilise son équipement

contracter (se) Rapetisser

course sur route Course de cross qui se déroule sur une surface asphaltée

débris Petits éclats de pierre ou de terre qui volent dans les airs au passage d'un cycliste

fossé Large espace que les coureurs doivent franchir entre deux falaises ou deux objets

griffe Petite saillie sur une pédale de vélo

obstacle Dans les courses de trial, objet au-dessus duquel les cyclistes exécutent des figures aériennes

parcours Secteur utilisé ou aménagé pour les compétitions de vélo de montagne

spandex Tissu extensible fait de matières synthétiques

sprint Le fait de rouler à la vitesse maximale pendant une courte période

système indexé Système qui permet au cycliste de changer automatiquement les vitesses de son vélo simplement en soulevant une manette ou en tournant une poignée

technologie du vélo de montagne Connaissances scientifiques appliquées à la fabrication de vélos de montagne

wall-ride Manœuvre qui consiste à rouler à la verticale sur un mur

whoop Suite de bosses rondes sur un parcours de slalom parallèle ou de *mountain cross*

INDEX